VENTE DU VENDREDI 16 DÉCEMBRE 1892

HÔTEL DROUOT, SALLE N° 6

à deux heures et demie

TABLEAUX

Anciens et Modernes

DESSINS, AQUARELLES ET PASTELS

EXPOSITION PUBLIQUE

LE JEUDI 15 DÉCEMBRE 1892

de 1 heure 1/2 à 5 heures 1/2

COMMISSAIRE-PRISEUR	EXPERT
Mᵉ PAUL CHEVALLIER	**M. Eug. FÉRAL, peintre**
10, rue de la Grange-Batelière, 10	54, Faubourg-Montmartre, 54

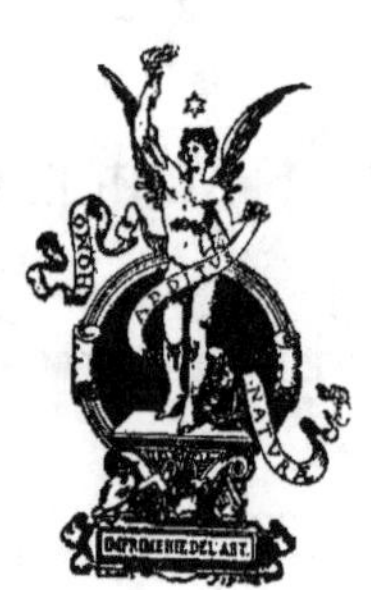

NATVRA
DAPROMENTE DEL'ART.

CATALOGUE

DE

TABLEAUX ANCIENS

PAR

Albertinelli, Asselyn, Belle, Berghem, Canaletti
Al. Cano, Casanova, De Marne
Hubert Robert, Huysmans, Murillo, etc., etc.

TABLEAUX MODERNES

PAR

Baudit, Bergeret, Boggs, Mme Caro
Chintreuil, Claude, Courbet, Goubie, Humbert
Leclaire, Baron Lepic, Liot, Noterman, Ochoa, Rossert
Tassaert, Tournemine, Trouillebert
Willette, etc., etc.

DONT LA VENTE AURA LIEU

HOTEL DROUOT, SALLE N° 6

Le Vendredi 16 Décembre 1892

à deux heures et demie

COMMISSAIRE-PRISEUR	EXPERT
Mᵉ PAUL CHEVALLIER	**M. EUG. FÉRAL, peintre**
10, rue de la Grange-Batelière, 10	54, rue du Faubourg-Montmartre, 54

Chez lesquels se trouve le présent Catalogue

EXPOSITION PUBLIQUE

Le Jeudi 15 Décembre 1892, de 1 heure 1/2 à 5 heures 1/2

CONDITIONS DE LA VENTE

La vente sera faite expressément au comptant.

Les Acquéreurs paieront en sus des adjudications *cinq pour cent.*

Paris. — Imp. de l'Art, E. Ménard et Cⁱᵉ, 41, rue de la Victoire

DÉSIGNATION

TABLEAUX ANCIENS

ALBERTINELLI (Attribué à)

1 — *Le Christ apparaissant à sainte Madeleine.*

Bonne peinture sur bois, rappelant les œuvres de Raphael.

ASSELYN

2 — *Animaux traversant un village, conduits par un berger.*

Au premier plan, un homme, tenant un bâton, agace un chien. Fin et beau tableau du maitre.

ASSELYN (Attribué à)

3 — *Paysage.*

Avec rochers et pont de bois.

BELLE (Alexis-Simon)

4 — *Portrait de jeune femme.*

Debout, vue jusqu'aux genoux; les cheveux poudrés; vêtue d'une robe fond blanc à fleurs bleues. A sa droite, une console où elle prend des fleurs.

Gracieux portrait, dans le style de Nattier.

BERGHEM (Nicolas)

5 — *Berger conduisant des bestiaux.*

BOL (Attribué à F.)

6 — *Jeune Femme couchée.*

BOUCHER (D'après F.)

(Deux pendants.)

7 — *L'Été et l'Automne.*

Dessus de portes en grisaille.

BRAKENBURG

8 — *La Surprise.*

BRAUWER (Genre de Ad.)

9 — *Les Fumeurs.*

Groupés autour d'un tonneau, ils causent et fument.

BREUGHEL (Genre de)

10 — *La Pêche miraculeuse.*

Fine peinture sur cuivre.

CANALETTI (Attribué à Ant.)

11 — *Vue du Grand Canal, à Venise.*

Bon tableau d'une parfaite conservation.

CANO (Alonzo)

12 — *Jeune Homme assis, tenant un livre.*

Vu jusqu'aux genoux, la main droite sur la poitrine et tenant un livre à couverture de maroquin rouge. Vêtement noir et petit col blanc rabattu.
Bonne et vigoureuse peinture.

CASANOVA

(Deux pendants.)

13 — *Cuirassiers.*

Figures à mi-corps de grandeur naturelle.
Toiles ovales.

CLOUET (Attribué à)

14 — *Portrait présumé d'Anne de Bretagne.*

Vue jusqu'à la ceinture, la tête de trois quarts, tournée vers la gauche. Coiffe de velours à riches broderies d'or. Robe rougeâtre légèrement décolletée.
Fin et précieux petit portrait.

COYPEL (Charles)

15 — *Latone et ses enfants insultés par les paysans changés en grenouilles.*

DECKER

16 — *Maisons rustiques.*

Au bord d'un lac et au milieu d'un bois.

DE MARNE (Louis)

17 — *Bergers et animaux à une fontaine.*

Fin et spirituel tableau de la meilleure époque du peintre.

DU JARDIN (Attribué à Karel)

18 — *Animaux au repos.*

Sous la garde d'une bergère tenant son enfant.

GÉRICAULT (Attribué à)

19 — *Croupes de chevaux.*

Belle étude.

GILLOT (Attribué à Cl.)

20 — *Bal costumé.*

Dans l'intérieur d'un palais.

GREUZE (Genre de)

21 — *Tête de jeune fille.*

HUBERT ROBERT

22 — *Sujet allégorique.*

HUYSMANS

23 — *Paysage.*

Avec cavaliers arrêtés au bord d'une rivière.

LAGRENÉE (Attribué à)

24 — *Portrait allégorique de jeune femme.*

Debout, vue jusqu'aux genoux et tenant une lyre.
Provient du château de Saint-Lyé.

LA HYRE

25 — *Paysage.*

Figures au premier plan.

LAIRESSE (Attribué à G.)

26 — *Alexandre et Cléopâtre.*

LANTARA

27 — *Paysage.*

Effet de clair de lune.

LEW (Van der)

28 — *Chiens au repos.*
Sous la garde d'un jeune page.
Bonne et intéressante peinture.

LOUTERBOURG (Genre de)

29 — *Paysage et animaux.*
Effet de soleil couchant.

MAAS (Attribué à N.)

30 — *Portrait présumé de Henrich Roos, peintre d'animaux.*

MAAS (Attribué à N.)

(Pendant du précédent.)

31 — *Portrait présumé de Melchior Roos, fils de Henrich Roos.*

MEULEN (Attribué à Van der)

32 — *Choc de cavalerie.*

MURILLO

33 — *Daniel dans la fosse aux lions.*

NETSCHER (Constantin)

34 — *Portrait d'homme.*
Debout, vu à mi-corps, faisant signe de la main gauche.

OSTADE (Genre d'Ad.)

35 — *Intérieur.*

PARCELLES

36 — *Marine.*

PETERS BONAVENTURE

37 — *Marine.*

POUSSIN (École du)

38 — *Bacchanale.*

RUBENS (École de)

39 — *Portrait présumé de Galilée.*

STEEN (Attribué à Jan)

40 — *Un Jour de fête.*

Deux enfants marchent joyeux, l'un mangeant des confitures,
l'autre portant des gâteaux.

TÉNIERS (Genre de)

41 — *Paysage.*

Avec villageois, devant une cheminée.

VELDE (Attribué à Ad. van de)

42 — *La Halte à l'auberge.*

Un muletier et quelques villageois; l'hôtelière, debout, cause
avec eux. A gauche, une vache, des chèvres et des moutons
Dans le fond, des bâtiments en ruine.
Très bon tableau, d'une remarquable finesse d'exécution.

VERNET (Attribué à J.)

43 — *Plage.*

Rochers et pêcheurs, au premier plan.

VÉRONÈSE (D'après Paul)

44 — *La Vierge et l'Enfant Jésus.*

ÉCOLE FLAMANDE

45 — *Le Sacrifice d'Abraham.*

ÉCOLE FRANÇAISE

46 — *Portrait de femme richement vêtue.*

ÉCOLE FRANÇAISE

47 — *Portrait de femme.*

ÉCOLE FRANÇAISE

48 — *Petit portrait de femme.*

Costume du xv⁰ siècle.

ÉCOLE FRANÇAISE

49 — *Fleurs.*

Feuille d'éventail.

ÉCOLE HOLLANDAISE

50 — *La Mort d'Adonis.*

Peinture sur cuivre.

ÉCOLE HOLLANDAISE

51 — *Portrait de femme.*

ÉCOLE HOLLANDAISE

52 — *Portrait d'homme.*

ÉCOLE HOLLANDAISE

53 — *Marine, avec bateaux à voiles,*

ÉCOLE ITALIENNE

54 — *Vénus et Adonis.*

ÉCOLE ITALIENNE

(Deux pendants)

55 — *Moïse sauvé des eaux.*

Offrande à Flore.

Ces deux tableaux rappellent les œuvres de Rubens pendant son séjour en Italie.

ÉCOLE ITALIENNE

56 — *Bethsabée recevant la lettre du roi David.*

ÉCOLE ITALIENNE

57 — *Tête d'homme.*

Vu de profil, coiffé d'un bonnet rouge.

REMBRANDT

58 — *La Consultation.*

Dessin à la plume.

CALAMATA (D'après Ary Scheffer)

59 — *Françoise de Rimini.*

Gravure avant la lettre.

60 — Sous ce numéro, qui sera divisé, un lot de dessins et aquarelles.

TABLEAUX MODERNES

QUELQUES DESSINS, PASTELS, AQUARELLES

BAUDIT (A.)

61 — *Les Bords de l'Yonne.*

BÉRAUD (Jean)

62 — *L'Avenue des Champs-Élysées.*

BERCHÈRE

63 — *Vue d'Orient.*

BERGERET

64 — *Nature morte.*

BOGGS

65 — *Bateaux de pêche sur la plage: Dieppe.*

BRILLOUIN (Georges)

66 — *Soldats jouant aux dés,*

BROZIK

67 — *La Toilette de la fiancée.*

CARO (Mme Berthe)

68 — *L'Ivresse de Silène.*

Deux médaillons sur porcelaine, camaïeu sanguine, forme ovale. D'après N. Bertin, gravés par N. de Launay.

CARO (Mme BERTHE)

69 — *Loth et ses filles.*

Amours tenant une lyre.
Deux médaillons sur porcelaine, camaïeu sanguine, forme ovale. D'après N. Bertin, gravés par N. de Launay.

CHINTREUIL

70 — *Paysage.*
Ferme et pâturage au premier plan.

CLAUDE

71 — *Bottes d'asperges.*

COSTE (J. B.)

(Deux pendants.)

72 — *Intérieur de parc et palais en ruine.*
Aquarelles sigrées.

COURBET (GUSTAVE)

73 — *Le Pont de bois.*
Il traverse un cours d'eau ombragé par de grands arbres. Une paysanne, portant un panier sur la tête, se dirige vers la gauche.

DUEZ

74 — *Le Semeur.*
Dessin.

FANTIN

75 — *Raisins blancs dans un plat.*

GOUBIE

76 — *Promenade sous bois.*

GOYTISOLO (G. T. DE)

77 — *Pont, à l'entrée d'une ville.*

GOYTISOLO (G. T. DE)

78 — *Rue de village.*

GUILLERMOT (G. T.)

79 — *Port de mer.*

HÉREAU (JULES)

80 — *Le Départ pour le marché.*

HUMBERT

81 — *La Tireuse de cartes.*

ISABEY (Genre de)

82 — *Tour en ruines.*
Dessin.

LECLAIRE

83 — *Fleurs des champs.*
Étude.

LEPIC (Le baron L.)

84 — *Inondation de Bercy.*

LIOT

85 — *Bords de rivière.*

MELIN (Attribué à)

86 — *Kroumir (chien bull).*
Étude.

MONFALLET

87 — *L'Abbé galant.*

MOORMANS

88 — *La Lessiveuse.*

MOORMANS

89 — *Les Apprêts pour le déjeuner.*

MOREAU (Adrien)

90 — *Le Passage du gué.*

NORMAND SAINT-MARCEL (Émile)

91 — *Paysage avec chasseur.*
Effet de neige.

NOTERMAN

92 — *Chiens, chats, gibier et ustensiles de chasse.*

OCHOA (R. de)

93 — *L'Avenue du bois de Boulogne, au printemps.*

OCHOA (R. de)

94 — *Sur la plage.*

OCHOA (R. de)

95 — *Sur le balcon.*

OCHOA (R. de)

96 — *Jeune Femme à sa toilette.*
Pastel.

OCHOA (R. de)

97 — *Rêverie.*

Pastel.

PIETTE

98 — *Roses, coquelicots et fleurs dans un vase.*

PILLE (Henri)

99 — *La Sortie de l'église.*

Dessin à la plume.

RICHOMME

100 — *Le Pont de bois.*

Aquarelle.

ROSSERT

101 — *Rêverie.*

ROUSSEAU (Charles)

102 — *Vue de l'Isle-Saint-Honorat (Alpes-Maritimes).*

SAUVAGE (P.)

103 — *Le Chemin de l'école.*

TASSAERT

104 — *La Veillée.*

Auprès d'une table éclairée par une lampe, deux jeunes filles et une femme âgée cousent et lisent.

TOURNEMINE

105 —· *Petite Maison en Provence.*

TROUILLEBERT

106 — *Laveuses au bord d'une rivière.*

WILLETTE

107 — *« Dis-moi, mon Pierrot... »*

Gravure.

ÉCOLE MODERNE

108 — *Paysan espagnol.*

ÉCOLE MODERNE

109 — *Fleurs.*

Deux pastels ovales.

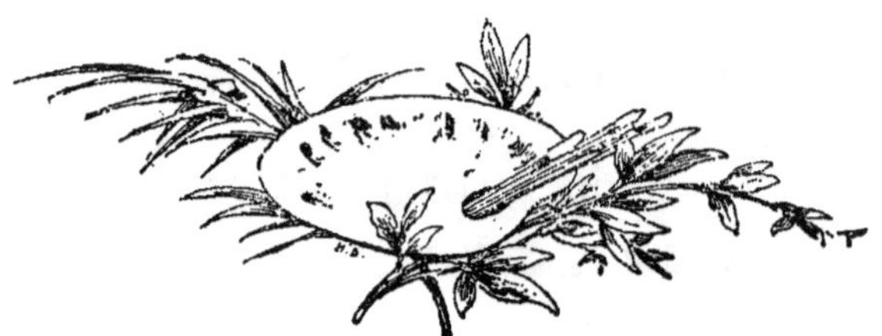